미처야 꽃이 핀다

성국희 시조집

목언예원

미쳐야 꽃이 핀다

지은이 · 성국희
펴낸이 · 민병도
펴낸곳 · 목언예원

초판 인쇄 : 2020년 4월 25일
초판 발행 : 2020년 4월 30일

목언예원
출판등록 : 2003년 2월 28일 제8호
경북 청도군 금천면 선바위길 53 (신지2리 390-2)
전화 : 054-371-3544 (팩스겸용)
E-mail : mbdo@daum.net

ISBN 978-89-94733-88-3 03810

이 도서는 아르코문학창작기금 지원사업에 선정되어 발간된 작품입니다.

값 10,000원

이 도서의 국립중앙도서관 출판예정도서목록(CIP)은 서지정보유통지원시스템 홈페이지(http://seoji.nl.go.kr)와 국가자료공동목록시스템(http://www.nl.go.kr/kolisnet)에서 이용하실 수 있습니다.(CIP제어번호: CIP2020015712)

미쳐야 꽃이 핀다

성국희 시조집

목언예원

고孤

미쳐야
꽃이 핀다
더 미쳐야
꽃이 진다

미치지
않고서야
나 어찌
꽃이 되리

삶이란
피고 또 지는 일
지고 다시
피는 일

CONTENTS

미쳐야 꽃이 핀다

— 성국희 시조집

01 설익어 여린 가슴이

휘슬 주전자 진화설進化說

비명 없이 졸아들다 저마저 불이 되어
속까지 그을음 감고 깨달음을 얻었으니
무조건 두 눈 감는 게 능사가 아니라고

끙끙대며 참지 말고 내색하란 그대의 말
끓을 만큼 끓은 가슴, 휘파람을 불어가며
파랑새 불러 앉히는 삶이란 그런 거라고

연대기의 경험담이 식탁 위에 쏟아진다
그대의 긴 내력들 빼곡히 받아 적다가
휘이익 휘슬 소리에 느낌표를 탁, 찍는다

호리병

굴곡진 삶이어서
차라리 더 아름다워라

꽃향기 품어보고
익은 술에 젖어도 보고

빈 방에
드로잉하는
빛도 한 올 감아보고

태풍경보

아무런 준비 없이 어찌 그댈 맞을까요
구석진 마음까지 속속들이 휩쓸고 갈
오 그대 소용돌이가 휘몰아쳐 오네요

가볍게 부르지 못할 무거운 이름이여
한동안 무너진 채 그대를 앓는대도
껴안은 가슴 곳곳에 폐허로만 남지 않길

차라리 그대 중심 맑고 또 고요하여
깊은 눈에 반짝이는 별들이 쓸쓸하여
아무런 준비 없이도 나 그냥 만날게요

늙은 거미의 집

거창하지 않더라도 무사하길 바랄 그뿐
벽이란 벽 죄다 허물면 별들이 내려오고
찬이슬 총총히 맺혀 샹들리에로 매달린다

아무도 들지 않는 독거의 시간이여
바람처럼 왔다 가던 큰애 얼굴 깜깜한 밤
끊어진 매듭 한 가닥, 침을 발라 잇는다

단팥빵에게

반죽도 덜 된 내가 당신에게 녹습니다
채로 받쳐 걸러내도 걸릴 마음 하나 없는
폭 삭힌 그런 하루를 언제쯤 빚을까요

당신의 가슴에도 앙금이 놓였네요
달달하고 보드랍고 촉촉한 그런 앙금,
얼마나 잘 뭉개져야 당신 속을 닮을까요

명치끝에 맺혀 있는 이 삶의 응어리들
달빛과 어눌한 시詩, 고루 섞어 구워내면
허기진 장발장 앞에 위로인 듯 놓일까요

적정適正

솔잎 위 송편들도 속내까지 폭 쪄졌고

한가위 보름달도 익을 만큼 익었으니

설익어 어린 가슴아, 딱 그만큼 더 익어라

똥파리

밥에도 앉아보고 똥에도 앉아보고
여기 말은 저기 놓고 저기 말은 여기 놓고
손바닥 살살 비비며 속내 깊이 감추었다

그 앉은 자리마다 똥냄새가 놓인 것을
바라보는 이는 알고 저만 알지 못하는데
날갯짓 가볍게 놀리다 채 맞을 날 있겠지

부추전 타령

참다못한 먹구름이 제 속 울컥 쏟는 날
그 맘 내 맘 반죽해서 노릇노릇 뒤집는 거야
땡초란 삶의 매운 맛, 술 술 술 섞어가며

천둥번개 건배하듯 부딪히며 사는 거야
하늘이 차려놓은 술상 위에 바쳐져서
두두둥 장단 맞추며 어깨춤도 추는 거야

매실나무와 한바탕 춤을

바람과 마주하며 스텝을 익혔으리
꽃잎의 피날레에 쏟아지던 박수갈채
그 끝에 초록 춤사위, 덤으로 펼쳐졌다

풋풋한 미소의 그가 내게 손을 내민다
어설픈 몸짓으로 스텝을 맞춰 가면
햇살도 리듬에 빠져 뜨겁게 와 감긴다

삶이란 헛발질에 아픔 먼저 배우는 일
긁힌 상처 하나 없이 그 무엇을 가지리
비워 둔 마음 깊숙이 너를 가득 담는다

도시 다람쥐

쳇바퀴는 돌아가고 스텝은 꼬여갔다
초침 따라 뛰다보면 삐딱해지는 넥타이
한 잔 술 넘기지 않아도 세상은 빙글빙글

사표 한 장 꽂아두면 이 시계는 고장날까
호젓한 오솔길에 젖은 발을 들이고 싶다
수첩에 눌러 써 보는 또 하나의 버킷리스트

풀벌레의 난亂

짓밟히던 풀밭머리 봉기는 시작됐다
가진 건 맨몸 하나, 허나 그건 비장의 무기
별들도 횃불이 되어 어둠을 뚫고 있다

울어 울어 천길만길 바닥을 일으키면
귀 밝은 시인들이 받아 적는 핏빛 맹서
간절한 함성만 우뚝, 천지간에 놓인다

썩은 사과를 위한 시

냉장실 한 귀퉁이 닫혀있던 시간 저편
달디 단 기억들이 짓무르며 뭉개져도
단 한 톨 첫 마음의 씨, 약속처럼 품고 있네

화려한 껍질일랑 햇살에게 돌려주고
스스로 녹아들며 길이 된 살점이여
굶주린 북풍과 손잡고 다시 꽃이 되려 하네

초기화시키기

휴대폰이 뜨겁더니 전원이 슥 꺼졌다
등짐이 버거우면 엎어져도 보는 거라고
한 번쯤 길을 버리고 정좌해 보는 거라고

마음이 버겁더니 내 몸에도 열이 났다
무엇을 내려놓아야 식은땀이 멎을까
하나씩 삭제시키며 처음으로 가는 길

포옹의 시간

실금 간 찻잔 속에 100℃ 물을 붓는다
꾸역꾸역 삼킨 신음, 으스러지는 몸부림
그을린 쪽방 한 가득 국화 향기 배어든다

끓는점을 잴 수 없는 삶이 담긴 사발에도
폐부 깊이 스며들며 금가던 시간이 있다
출렁인 통증의 뒤란, 꽃잎 한 장 품는다

02 그대 안에 길을 찾고

서신
비몽
꽃거울
소년의 텃밭
토르소
물방울
첨성대 읽기
낙동강
거북
대왕고래
반성
미투리
메아리
촛불

서신

-소쇄원 제월당에서

대나무가 섬긴 이는 필시 저 달이었으리
스승이 기우는 쪽, 외길 따라 뻗은 뿌리
장부는 귀를 닫은 채 서걱서걱 울고 있다

그리움 깊은 만큼 먹물마저 짙은 나날
벙어리 뻐꾸기는 안부 물어 날아가고
행여나 펼쳐보실까 푸른 밤을 서성인다

잡음 많은 세상 소식, 천리 밖에 다스리면
부끄러운 가슴에도 귀한 음성 들려올까
오곡문五曲門 적시는 답신, 그림자도 환하다

비몽飛夢
–정방폭포

때 아닌 총성 끝에 울음이 깊어졌다
그 울음 죄다 모여 길이 된 저 물줄기
무명천 꼬인 매듭을 춤사위로 풀어낸다

가위 눌린 시간 속에 신음 깊은 넋이여
집집마다 무덤마다 에둘러 흘러나와
핏자국 붉은 옷자락, 하얗게 씻어내는

서슬 퍼런 파랑 앞에 길 닦음*도 남았는데
산산이 흩어지며 찾아 나선 북두칠성,
큰 울음 끌어안은 채 은빛 날개 펼친다

*씻김굿의 절차 중 절정의 단계.

꽃거울

–선운사 춘백

언제나 찬바람은 나만의 스승이었다
달빛 감긴 채찍 끝에 피어나는 한 잎 생각
담금질 깊던 그 까닭, 고요히 마주한다

세상의 숱한 유혹 산사 밖에 물려두고
더욱 짙게 뿜어내는 가슴 속 맑은 숨결,
푸르른 풍경소리에 꽃송이를 떨군다

멍든 자국 하나 없이 어찌 시詩를 품으리
피어난 제자리에 뼈를 묻는 결의決意 앞에
함부로 흩날리지 않는 곧은 획을 긋는다

소년의 텃밭

–권정생 살던 집에서

한 평 방이 부끄럽냐
반 평 맘이 부끄럽지

수만 평 마음 밭에
문장의 씨 뿌린 나날

한 평생
낮게 엎드려
색동별 헤고 있다

토르소
-강태성 조각 앞에서

그대 위한 가슴 한쪽 늘 비워 두었습니다
햇살 아래 설레다가 칼바람에 깎인대도
오늘도 뜨거운 심장, 그대를 품습니다

그리움의 몸집은 자꾸만 더 커져가서
기울어진 어깻죽지 이끼마저 무겁지만
이 삶은 그대를 향해 중심 잡고 섰습니다

마음은 발도 없이 당신께 달려갑니다
그 누구도 막지 못할 지도 밖의 길을 달려
그대 뜰 매화 빈 가지, 시詩꽃으로 핍니다

물방울
–김창열 미술관에서

내 시詩의 먼 발원지 거슬러 올라보면
뚝 뚝 떨구지 못해 울음도 되지 못한
숨겨둔 유년의 눈물, 별 끝에 반짝인다

가슴 깊이 맴돌다가 펜 끝으로 흘러내려
그대의 갈증에 닿는 물결이 되고 싶다
달빛도 노를 거두는 지중해 푸른 행간

첨성대 읽기

너는 지금 별을 읽고
나는 지금 너를 읽고

엇박자로 쌓은 삶이
외려 더 꿋꿋하다며

마음 속
구름이 가린
북극성을 가리킨다

낙동강

차라리 그대에게 푹 빠질 걸 그랬다
가까이 다가서도 그 깊이 알 수 없어
함부로 읽지 못한 책, 드넓은 고전이었다

된바람 고개 숙여 그대 안에 길을 찾고
반달도 내려와서 삶의 얼룩 헹구는데
나는 왜 그대 밖에서 모래성만 쌓았던가

역사의 뒤란에서 몰래 울던 속울음과
나룻배에 실어 나른 가난한 노랫소리,
넘기는 책장 속으로 꿈길 다시 열어간다

거북
–만대루*에서

출발이란 호각소리 어디쯤서 울린 걸까
낙관 없이 펼쳐놓은 열두 폭 병산 자락
낮별은 총총 넘으며 어서 오라 손짓하는데

삶이란 모래밭길 엉금엉금 기어간다
푸른 숲이 벼랑 끝에 솔 한그루 심어놓듯
깃발은 제 안에 꽂는 것, 완주만을 꿈꾼다

*안동 병산서원에 있는 누각으로 느리게 사는 삶의 철학을 품고 있다.

대왕고래

−고래박물관에서

정갈한 길 하나가 공손히 누워있다
풍파도 이쯤에선 날선 검劍을 물리고
새 하얀 발자국 아래 큰절 다시 올린다

당신의 기와집은 그래 저, 바다였다
기둥도 하나 없이 받쳐 든 하늘지붕
수평선 가 닿으려다 수평선이 되었다

우락부락 파도 위에 뿜어 올린 땀줄기
유리관을 뚫고 나와 분수처럼 흩어지면
북두성 향해 오르는 지느러미 눈부시다

반성
－노계시비 앞에서

품어 가 반길 이* 있는 나는 빈손인데

갈 하늘이 익혀 놓고 그대 물들인 홍시

더 붉은 내 부끄럼은 숨길 곳이 하나 없다

*노계 박인로의 시조「조홍시가」에서 인용함.

미투리
–월영교*에서

가닥가닥 시詩를 뽑아 그대에게 바칩니다
얼기설기 엮어내어 지어 올린 신발 한 켤레
당신께 띄워 보내면 강물 건너 오실까요

서천西天으로 가는 열차, 기적소리 멀어지고
달빛 속에 물빛 속에 그대가 남았습니다
남아서 그리운 이름, 그리워 남은 이름

물결 한 올 일지 않고 가슴 깊이 파고드는
가늘어진 그대 음성, 얼어붙은 그대 눈빛
뜨거운 안부를 엮어 맨발 아래 놓습니다

*경북 안동시 안동호에 놓인 목책교. 먼저 간 남편을 위해 머리카락을 뽑아 한 켤레의 미투리를 지은 지어미의 애절하고 숭고한 사랑을 기념하고자 미투리 모양을 담아 다리를 지었다고 한다.

메아리
—이상화 시비 앞에서

앞산마루 새벽노을 수성못에 젖어든다
목마른 들판 저편 단비 되어 스며들던
푸르른 그대의 음성, 윤슬로 반짝인다

칼날 같이 곧게 서서 내일과 맞잡은 손,
한 땀 한 땀 뿌려놓은 노래의 씨는 자라
아직도 아물지 못한 메아리로 맴돈다

찬 계절이 할퀴고 간 웅숭깊은 상처 위로
다독이며 일어서는 행간 속의 붉은 약속,
어둠도 키를 낮추며 풀잎 아래 엎드린다

촛불
–설잠교에서

시간을 건너가면 신화 속에 가 닿을까
숨 고르며 지새어도 숨 막히는 시절 안고
매월당 피리소리에 귀를 열고 오른다

흔들리며 타오르는 삶 또한 그런 거라며
서슬 퍼런 칼바람에 지켜내던 하얀 심지
함부로 저버릴 수 없는 소명이 저리 깊다

온 몸 태워 불 밝히면 어둠마저 조아린다
짚신이며 먹물이며 달빛마저 닳아가도
불씨는 아직도 살아 남산마루 환하다

03 내 안에 꽂힌 열쇠

영숙이네*

찰진 손맛 명품이라
간판 하나 내걸었다

봄이 차린 만찬보다
더 넉넉한 엄마 밥상

밑지는
장부 앞에도
골목길 배불린다

*김천시 아랫장터에 있는 밥집.

각질

낡은 배의 갑판 같은 아버지 침대보에
올올이 박혀 있는 벗겨진 삶의 비늘들
결 고운 볕살 속으로 출렁출렁 헹궈낸다

닳고 닳은 지도였나, 젊은 날의 저 뒤꿈치
소금 꽃 피워내던 물기마저 깡마른 채
등 푸른 오대양 건너 칠순에 꽂은 깃발

짜디짠 항해의 시간 빨랫줄에 널어두면
갈매기 떼 날아들어 뱃머리를 돌린다
물안개 걷어 낸 길이 내 앞에서 왜 환한지

적寂

산은 나를 불러 놓고 아무 말도 없으시다

주술처럼 풀어 두신 물소리, 바람소리

내 안에 꽂힌 열쇠는 꿈쩍 않고 아픈데

해를 굴리는 나의 마법사

아브라 카다브라, 수리수리 마하수리……
행간에서 화폭에서 마법의 주술을 얻은
스승의 매운 손끝에 춤추는 마술지팡이

뒤엉킨 유년의 길, 시詩로 풀며 지어 입고
그늘 깊은 세상 곳곳 품어 안는 삶이 되라며
돌돌돌 해를 굴려 와 내 안에 띄우시네

배웅

–김천 화장장에서

열두 발 상모를 돌려도 걸릴 곳 하나 없는*
원고지에 그리던 곳, 고향 하늘 서룬 하늘
갈 열매 구워 내리는 가마터*를 찾아가시네

화마에 휩싸여도 못 다스릴 시심이여
태울수록 하얀 넋은 황악산에 흘러들어
높다란 단시조 한 편, 띄워놓고 가시네

*白水 정완영 선생님의 시조에서 인용함.

타벽통보*

따악 닥 다다다 닥
봄비는 두드린다

까맣게 타들던 꿈,
풀어내는 암호 아래

혹독한
불면을 딛고
술렁이는 저 아우성

*서대문형무소에서 대화가 금지되었던 독립운동가들이 벽을 두드려 주고받던 암호.

그럼, 누가 합니까*

꽃 피운 죄로 몰린 얼어붙은 봄입니다
밟히면 일어나서, 더 활짝 피어나서
꼿꼿이 결박을 풀며 토해내는 목소리

핏물 짙은 지하 독방, 누군가가 묻습니다
대체 왜 이렇게까지 하느냐는 그 물음에
죽음도 이미 건너와 뽑어 올린 한 마디

* 유관순 열사를 다룬 영화 〈항거〉의 대사를 인용.

칼춤
–이육사 시비 앞에서

쉼 없이 깎아든 연필
행간 위의 칼이었다

치닫는 절망 앞에
춤사위로 맞섰던가

백마 탄
노을이 와서
증언하며 찍는 낙관

어린 왕자의 상자
—장정 소포를 받고

낯선 별 향해가며 두근댔을 흰 운동화
몰래 닦은 눈물인 듯 얼룩진 겨울 점퍼
머쓱한 까까머리에 눌러 썼던 모자까지

지나온 길 돌려주며 행군할 시간 앞에
그 어떤 속다짐을 뜨겁게 심었는지
훈련병 아들 편지에 푸른 싹 돋아 있다

유죄

내년에 꼭, 가겠다는
할머니와 짧은 통화

예약된 생일상 대신
때 이른 제사상 앞에

변명은
큰 죄였을까
그리움에 갇힌 나

위대한 재산

수십 년 손때 묻은 아버지의 국어대사전
초록 테잎 붕대감고 슬며시 내게로 왔다
주인이 바뀐 채 왔다, 앞표지 해든 성국희

두 손에 받아들면 묵직한 당신 말씀
여기는 보물창고, 보물을 찾으라고
내 시의 빈 곳간 채워 세상에 펴주라고

함부로 걷던 행간에 발걸음 멈칫 한다
더욱 깊게 가야 하는 멀고도 가파른 길,
그 앞에 무릎을 꿇고 첫 페이지 펼친다

목련에게
–2020년 3월 대구*에서

유난히 환한 안부
그 얼마나 다행인지

밤새 기워 펼쳐놓고
나눠주는 하얀 마스크

소독약
흥건한 도시
감싸는 너, 눈부시다

*우리나라에서 코로나19 바이러스 확진자가 가장 많이 발생한 도시.

2미터*

서로가 서로를 위해
멀어져야 한다는 것

속마음은 곁에 두고
몇 발짝 더 물러선다

저마다
외딴 섬이 된
우리들의 낯선 거리

*코로나19 바이러스 전염의 예방적 차원으로 실시된 사회적 거리두기.

집중호우

울거라 사람이여
둥 둥 둥 북이 울 듯

컴컴한 생의 먹구름
가계부를 다 적셔도

무너질
하늘은 없는 것
실컷 한 번 울거라

헌시

—아버지 고희에 부쳐

당신은 궁서체로 새겨진 책입니다
밥상머리 하신 말씀 밑줄 붉게 그어놓고
아직도 못다 읽은 책, 아버지란 책입니다

당신은 뿌리 깊은 한 그루 나무입니다
바람 잘 날 없었어도 꿋꿋하게 버텨내신
당신은 밑동이 굵은 아버지란 나무입니다

당신은 어디서든 길이 되는 지도입니다
길 잃은 자식들 앞에 이정표가 되어주신
당신의 깊은 주름살, 아버지란 지도입니다

당신은 지지 않는 저 하늘의 태양입니다
사남매 삶 속에서 늘 밝은 빛이 되신
당신은 가장 뜨거운, 아버지란 태양입니다

글이 되고 그늘이 되고 길이 되고 빛이 되신
아버지, 그 이름 앞에 큰절을 올립니다
갚아도 못 다 갚을 사랑, 당신께 바칩니다

04 달이 사유 탐하는 죄

만취

시인의 적거

꽃값

때론, 뱀파이어

가을나무 작법

일방통행

시인이 만난 고래 이야기

귀뚜라미

이보

시인에게

화려한 노숙

시조에 관한 단상

새벽녘 5중주

시인론

만취

하늘이 익혀 놓은 술독이 열리고 있다
목련주, 산수유주, 개나리주, 진달래주……
달빛이 기우는 만큼 잔도 자꾸 기운다

홀로 앉은 앞자리에 별똥별을 기다리며
바람 반잔 향기 반잔 폭탄주에 비틀댄다
깊은 곳 오래된 상처, 역류하는 사월의 밤

하늘이 공들였던 술독이 비어간다
봄이 차린 술상 앞에 스러지는 방랑자여
한동안 속병을 앓다 시詩나 울컥 토하겠다

시인의 적거謫居

차라리 이쯤하면 아름다운 형벌이다
꽃의 언어 꺾어든 죄, 달의 사유 탐하는 죄
날마다 저를 가두어 제 가슴 파내는 죄

가시 돋친 줄기처럼 문장도 날선 새벽
바다 위를 걸어가서 우주를 날아가서
드깊은 은유의 나라, 어린 별을 만나는

꽃값

천지간에 펼친 무대, 피날레가 가까운데

꽃값을 치르려니 손사래 치는 벚나무

남몰래 꽃방석 위에 시詩 한 구절 놓고 간다

때론, 뱀파이어

은유의 갈증 앞에 창백한 내가 있다
펜촉은 번뜩이며 송곳니로 드러나고
두두둥 달빛 망토에 거친 신음 내뿜는다

눈에 든 모든 것은 시詩의 제물이 되리
메밀꽃 흰 속살에 붉은 눈빛 살아나면
싱싱한 향기를 삼켜 일으키는 삶의 언어

가을나무 작법作法

머리부터 발끝까지 쉽게 쓰는 법이 없다
또 한 겹의 나이테가 밀어올린 문장들
잔별들 총총 내려와 숨을 불어 넣는다

그마저 사치였나 붉게 긋는 퇴고의 시간
바스락 부스러질 멋 부린 수사들이
껴입은 옷을 벗는다, 느낌표만 남겨둔 채

삶의 무게 내린 자리 하늘 다시 열어두면
보탤 것 하나 없이 우뚝 선 촌철살인,
볼 야윈 철새가 기댈 간이역이 들어선다

일방통행

가도 가도 첩첩산중
닿지 않는 시詩의 문턱

그대에게 가는 길이
멀어도 너무 멀지만

뒤돌아
오는 길 따위
영영 없으면 좋겠다

시인이 만난 고래 이야기

“고래 드시고 가세요” 미끼 툭 던지고서
나그네 입질 살피는 죽도 시장 길모퉁이
발걸음 포획당한 채 낡은 탁자 마주했지

맥주잔에 콰알 콸콸 하얀 포말 일렁이자
왕고래의 살점들이 입 안에서 꿈틀댔어
순식간 내 안의 바다, 고래가 들어찼지

단숨에 풀어헤친 아득하던 생의 화두
은하에서 건져 올린 메시지를 새기더니
깊은 맛 곱씹게 하고 유유히 사라졌지

귀뚜라미

가난한 내가 가진 재산 목록 1호는
작은 기도 엮어 만든 몽당연필 한 자루와
희미한 밑줄도 없이 펼쳐놓은 하늘노트

지친 그대 어깨 위에 한 소절 악보가 되길
촉을 세워 쓱쓱 싹싹 계절을 옮겨 둔다
바람이 곡을 붙이자 기대앉는 그믐달

이보移步
–『장국밥』*을 필사하며

절룩절룩 목발 짚고 둑길 따라 걷는다
풀 한 포기 못 다 읽고 물집 잡힌 시간 속에
누가 와 물을 주었나, 행간마다 환한 들꽃

*민병도 선생님의 시조집.

시인에게

옥수수 알갱이 같은
단단한 사유를 품고

몽글몽글 톡, 토도독
팝콘처럼 튀겨내어

자꾸만
마음이 가는
맛있는 시詩, 부탁해요

화려한 노숙

수염처럼 자라나는
덥수룩한 생각들

말끔한 시조 한 수
일으키지 못하고서

낯선 길
헤매다 지쳐
파지처럼 구겨진 밤

시조에 관한 단상

강진 앞에 꿈쩍 않는 한 그루가 있습니다
밑동 굵은 사유 위로 삶의 무게 받쳐 든 채
꼿꼿이 제자리 지키는 내 안의 하얀 성전

새벽녘 5중주

달 아래 개가 울고
바람 속에 괭이 운다

수험생은 펜으로 울고
알바생은 하품에 운다

시인은
언어로 울며
어둠 흠뻑, 적신다

시인론

1
스스로 뜨거운 이, 오롯이 태우는 이
그 앉은 자리마다 시詩꽃이 피어난다
수척한 바람이 오면 다독일 향을 품고

2
어제라는 습작 펼쳐 오늘을 퇴고하는
그리하여 완성하는 내일이란 시 한 구절
먹물 벤 가슴으로 쓴 그런 시詩, 그러한 삶

3
언어로 닿을 수 없는 그곳으로 걷는다
까마득 허공 속을 맨발로 파헤치며
홀로 선 낯선 길 위에 달빛 감고 걷는 이

4
시詩 한 편 빚고 나면 공복에도 배가 부른,
그 시詩를 남에게 줘 저는 다시 가난해진
시인이 그런 거지요, 그러니 또 쓰지요

5
뱉은 말이 시詩가 되는, 몸짓이 철학이 되는
꽃잎처럼 달빛처럼 서녘하늘 노을처럼

물들어 가는 겁니다, 나 아닌 그대 위해

6
무서운 일 맞지요, 시인으로 산다는 건
글과 같은 모습으로 하나의 몸짓으로
거듭된 삶의 퇴고가 완성된 시편이죠

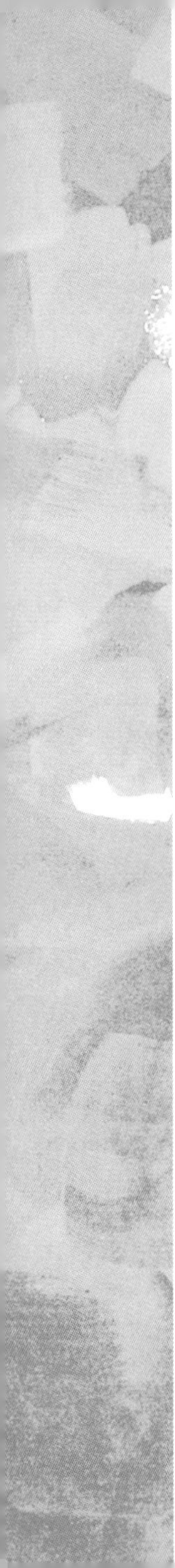

05 미쳐야 꽃이 핀다

사군도*
–천경자 1

도시는 유리 상자, 모서리 진 유리 감옥
긴 꼬리 뒤엉킨 채 사람들이 갇혀 있다
세상 밖 코앞인데도 닿지 못한 저 몸서리

저마다 쳇바퀴에 멀미 앓던 삶이다가
붉은 혀 길게 빼고 꿈을 찾아 나서는 길
주르륵 미끄러져도 유리벽, 또 오른다

껍데기만 쌓여가는 축축한 생의 뒤란
위로 깊은 찔레향이 살갗에 와 닿으면
화려한 꽃 가시덤불, 가시마저 껴안는다

*뱀들이 그려진 1969년 작품.

고孤*

–천경자 2

미쳐야 꽃이 핀다
더 미쳐야 꽃이 진다

미치지 않고서야
나 어찌 꽃이 되리

삶이란
피고 또 지는 일
지고 다시 피는 일

*머리에 꽃을 꽂고 있는 여인이 그려진 1974년 작품.

생태*
–천경자 3

허물 거듭 벗어가며 움츠린 삶 풀어가며
못다 뱉은 신음들이 맹독으로 고인 신전
꺾어진 제 뒷목을 물어 찬 새벽을 얻는다

*한 마리 독사가 중심이 되어 35마리의 뱀들이 뒤엉켜 있는 1951년 작품. 천경자는 징그럽고 무서운 뱀을 그림으로써 생을 갈구했다고 함.

내 슬픈 전설의 22페이지*
–천경자 4

차라리 돌아서서 끌어안은 벼랑이여
독을 품고 똬리 튼 삶, 화관으로 모셔두면
저주도 진정 꽃이었네 아름다운 독이었네

*여인의 머리에는 네 마리의 뱀이, 가슴에는 꽃이 그려진 그림. 남편을 잃은 스물두 살 때의 고난을 돌아보며 표현한 1977년 작품.

길례언니*
–천경자 5

소록도엔 오랫동안 그믐달만 떴으리라
뿔 잘린 사슴처럼 문드러진 입술들이
한 없이 베어 물어서 속이 퀭한 그믐달만

비명마저 갇힌 섬에 감감하던 꽃의 안부
애타던 봄이 동동 몰래몰래 건너가서
천사표 꽃을 피웠네, 길례언니 깊은 눈에

*이 작품은 상상 속 인물이라고 밝히기도 했지만, 한센병 환자들이 모여 있는 소록도에서 간호사로 일했다는 이야기도 함께 전해진다. 1973년 작품.

자살의 미*
–천경자 6

바람도 오늘만은 깨금발로 지나가길
삶의 날선 칼날과 대치중인 잿빛 고요
파르르 위태한 손끝, 차라리 접신接神이다

화판을 펼쳐두면 물러서는 잡귀들
휘두르는 붓끝마다 꽃신이 일어선다
삶이란 작두를 타는 아름다운 춤사위

*날선 칼날을 가진 믹서기 안에 청회색빛 수선화 한 송이가 그려진 1968년 작품.

어느 여인의 시 2*
—천경자 7

나만의 소우주가 내 안에 있습니다
허물어도 쌓이는 벽, 생의 장벽 넘나들며
한 마리 독뱀이 되어 푸른 혀를 내미는 밤

스탠드 불빛 아랜 고독만이 환합니다
굴곡진 행간 속을 스멀스멀 기어가서
가시밭 와락 껴안고 허물 한 겹 벗습니다

맨몸으로 다가서면 더 뜨겁고 간절한 삶,
어둠 속 깊은 곳에 안아야 할 꿈이 있어
은하수 홍건히 건너 나를 잠시 버립니다

*가슴에 장미꽃이 그려진 나체의 여인이 서 있는 1985년 작품.

플라사 메히코 투우장*
–천경자 8

1
전사의 후예인 듯
전장의 전설인 듯

삶이 쏘는 화살촉
당당히 받아 안고

저 붉은
깃발을 향해
돌진하는 젊음이여

2
굶주린 꿈이 있어
닿아야 할 꿈이 있어

뒷발질 친 꼭 그만큼
달리고픈 목마름 있어

꽃그늘
찾아나서는
붓질 더욱 숨가쁘다

*멕시코의 투우장을 방문한 뒤에 그린 1979년 작품.

내 슬픈 전설의 49페이지*
—천경자 9

겹겹 옷을 벗어 봐도 도무지 뵈지 않아
가슴 속 실오라기 오기마저 죄다 벗은
지천명 페이지 위의 오체투지, 뜨겁다

만년설 왕관 아랜 눈사태도 잦으리
눈꽃이라 주술 외며 삶의 무게 받쳐 이고
저 먼 곳 킬리만자로, 나를 풀어 주리라

*아프리카 여행을 배경으로 한 1976년 작품.

갠지스 강에서*

—천경자 10

사람이여 물길이여
굽이쳐 온 시간이여

제 안에 몸을 담그면
면죄부가 거기 있어

씻어서
거듭 헹궈서
삶을 건져 올리나

*인도 여행을 배경으로 한 1979년 작품.

폭풍의 언덕*

-천경자 11

몰아쳐라 내 사랑아
가파른 삶 속으로

가슴 곳곳 후려치면
나를 훑어 너를 안는

깊숙한
적막 속으로
너 하나를 들인다

*에밀리 브론테의 소설 『폭풍의 언덕』의 배경지를 여행하며 그린 1981년 작품.

팬지*
–천경자 12

불빛이 너무 밝아 내가 외려 안 보여요
무대에서 내려서면 눈앞 더욱 캄캄하죠
피었다 지는 꽃자리, 함성이 뚝 끊긴 방

가슴 시린 원피스와 하이힐을 벗는 시간
마법의 거울 앞에 이제 나를 불러내요
휘리릭 주술이 풀린 유년의 뽀얀 나를

화려한 꽃의 무게 가만히 내려놓고
유리 화병 빠져나와 허공을 날아가요
날마다 벗겨낸 껍질, 나를 버려 나를 찾죠

*팬지꽃 화관을 쓰고 있는 마릴린 먼로가 그려진 1973년 작품.

청춘의 문*

–천경자 13

밑그림만 그려두고
가지 못한 길이 있어

지는 꽃이 아플까봐
닫아 건 문이 있어

저 마법
화폭 안에는
길도 문도 다 열려

*인기 절정의 시기에 은퇴를 한 여배우 그레타 가르보를 모델로 삼은 1968년 작품.

초혼*

–천경자 14

바닥이 참 깊다지요
망망대해 떠도는 넋

시퍼런 파도의 뒤끝
도무지 끝없어 보여

찬란한
이름을 불러
꼭 껴안고 싶은 거죠

*고흥 앞바다에서 혼령제를 지내는 장면을 소재로 한 1965년 작품.

편지 읽는 여인*

-천경자 15

그대가 달려왔다, 앞섶을 풀어 헤치고
서걱서걱 대숲 건너 첨벙첨벙 강물 건너
천리 길 마른 가시밭, 상처 깊은 문장들

그대가 내게 왔다 한줄기 빛이 되어
긴 겨울 불면 속에 담배연기 자욱한 밤
귀먹은 시간을 뚫고 그리운 음성 흐른다

살포시 반걸음씩 아껴 읽는 달빛 답신
사랑이 거짓말이, 거짓말이 아니었다는
그 즈음 제자리걸음, 도돌이표가 놓였다

*편지를 읽고 있는 여인이 그려진 1993년 작품.

비 개인 뒤*
–천경자 16

이제 그만 젖은 우산
내려놔도 되는가요

생의 긴 우기雨期에서
빠져 나온 앞마당엔

폭풍우
삼키던 가슴
꽃향기로 부풀어요

*현관문 앞에 펼쳐진 우산들이 놓여 있고 마당에 꽃들이 그려진 1962년 작품.

탱고가 흐르는 황혼*
–천경자 17

싱싱했던 기억들이 말라가는 쪽방 한 칸
아무도 오지 않고 찬바람만 드나들면
똬리 튼 시름이 자꾸 불쑥불쑥 일어선다

붉게 타는 석양 끝에 담뱃불을 댕긴 시간
길게 뿜은 연기 따라 비명으로 드러나는
꼬리 긴 유년의 악령, 화폭 안에 가둔다

뒷걸음은 이제 없다, 담담히 마주할 뿐
그늘에 핀 꽃 한 송이 가슴에 꽂아두고
차라리 두 손 내밀어 춤사위를 펼친다

*담배 피우는 여인이 그려진 1978년 작품.

내가 죽은 뒤*
–천경자 18

한 마리 나비 되어 생의 바깥 슬몃 보면
화려한 옷 훌훌 벗고 홀로 누운 뼈가 있다
손 모아 헌가獻歌 바치는 꽃무릇도 곁에 서서

넘보는 꿈의 화폭 저리 고운 것이라면
옥죄는 고통인들 어찌 사랑이 아니리
훠얼 훨 가벼운 날갯짓, 생의 안쪽 돌아온다

*삶과 죽음을 넘나드는 것 같은 나비와 하얀 인골, 그리고 상사화가 그려진 1952년 작품.

막은 내리고*
–천경자 19

분칠로나 저항하던 그 많은 날들 너머
굳어가는 마스카라, 짙은 화장 닦는 시간
주름에 나포된 꿈도 민낯으로 풀려난다

삶이라는 캔버스에 상처 많은 열꽃들
열여덟 여드름 같은 상징으로 피어나면
또 하루 헹궈 낸 바람, 턱을 괴고 앉는다

*화관을 쓰고 꽃목걸이를 한 여인의 모습이 그려져 있는 1989년 작품.

황혼의 통곡*
-천경자 20

빼곡한 가시 틈에
옥죄이던 삶이여

내리고 또 내리고
내리고 다 내려놓고

미완성
그 찬란한 절망,
화폭 안에 묻는다

*세 명의 나체 여인이 각각 다른 자세를 취하고 있는 1995년 작품.
(미완성)

미인도*

피 묻은 맨발들아 들꽃 피워 화관을 엮자
꽃샘바람 들썩이며 꽁무니를 파헤쳐도
흙물 벤 두 손과 발이 당당할 수 있도록

누군가가 얹어주는 왕관을 꾹 눌러 쓴
벙어리 인형 앞에 펼쳐드는 땀의 이력,
마른 땅 뚫고 피워낸 어여쁜 화관을 쓰자

머리맡을 지나쳐간 간밤의 헛된 꿈도
어쩌면 그것마저 욕심이라 불러보자
차라리 화관을 벗어 빈들에나 돌려주자

*위작 논란에 휩싸인 작품으로 천경자 화가는 자신의 그림이 아니라고 하였다.

06

작품해설

삶이란
헛발질에
아픔 먼저 배우는 일

/이승하

삶이란 헛발질에 아픔 먼저 배우는 일

이 승 하 | 시인 · 중앙대 교수

이 땅의 고전문학사를 살펴보면 중국의 영향을 뿌리치려는 노력이 지난 2,000년 동안 계속해서 이어져 왔음을 알 수 있다. 고대가요인 「공무도하가」「황조가」「귀지가」는 그 유래와 시가 한자로 표기되어 전해 내려오고 있으므로 한시의 영향을 받았다고 보아야 하겠지만 통일신라시대의 향가, 고려시대의 가요와 시조, 조선시대의 악장과 가사와 시조 등은 모두 중국의 시와는 많이 달랐다. 물론 고려와 조선의 사대부 계층에서는 한시가 많이 창작되었지만 그에 못지않게 우리의 언어로 우리 시를 썼다. 중국의 당나라 때의 빼어난 시인 두보의 시는 세종에서 성종 연간에 『두시언해』라는 이름으로 번역되어 널리 읽히기도 했다. 그러나 우리 고유의 시가형식인 시조는 조선조 때 크게 유행하여 『청구영언』에 998수, 『해동가요』에 588수, 『고금가곡』에 294수, 『근화악부』에 394수, 『가곡원류』에 626수, 『화원악

보』에 650수, 『동가선』에 235수, 『남훈태평가』에 224수가 실려 있다. 그 맥이 지금까지도 이어져 성국희의 시조에 이르고 있다.

경북 김천은 시조의 고장이다. 백수 정완영 선생은 일찍이 1966년에 이호우와 함께 시조문학회를 창립하였다. 그 후 김천이 낳은 시조시인의 수는 수십 명에 달한다. 성 시인은 정완영 시인이 작고했을 때 김천 화장장까지 가본 것이 분명하다.

> 열두 발 상모를 돌려도 걸릴 곳 하나 없는
> 원고지에 그리던 곳, 고향 하늘 서룬 하늘
> 갈 열매 구워 내리는 가마터를 찾아가시네
>
> 화마에 휩싸여도 못 다스릴 시심이여
> 태울수록 하얀 넋은 황악산에 흘러들어
> 높다란 단시조 한 편, 띄워놓고 가시네
> —「배웅」 전문

첫 번째 수의 초장은 정완영의 시조에서 인용한 것이라고 각주에서 밝혔는데 「그리운 가을 하늘」의 초장이다. 정완영 시인의 육신은 화장장에서 몇 줌 뼛가루가 되고 말았지만 "화마에 휩싸여도 못 다스릴 시심"으로, "태울수록 하얀 넋은 황악산에 흘러들어/ 높다란 시조 한 편, 띄워놓고" 가셨다고 한다. 정완영 시인의 시정신을 높이 기리고 배우겠다는 뜻이다. 그의 시세계는 하나의 산맥이라고 할까, 봉우리가 한두 개가 아니다. 그런데 시인으로서 본격적으로 발걸음을 떼게 된 것은 민병도 시인의 문하에 들어가서가 아닌가 한다. '『장국밥』을 필사하며'란 부제를 붙인 작품이 있다.

절룩절룩 목발 짚고 둑길 따라 걷는다
풀 한 포기 못 다 읽고 물집 잡힌 시간 속에
누가 와 물을 주었나, 행간마다 환한 들꽃
—「이보移步」 전문

시집 한 권을 필사하면서 크게 배우고 깨달아 지금은 비록 "절룩절룩 목발 짚고" 다니는 신세이지만 시의 싹을 틔우고 꽃을 피우게 되었으니 민 시인의 시를 열심히 사숙했음을 알 수 있다. 잘 자라도록 물을 준 이도 민병도 시인이었다.

성국희 시인은 몇 개의 상에 이어 기금도 받았다. 제2시집을 준비하고 있으니 이제 막 신인의 굴레를 벗고 중견으로 탈바꿈하는 시점이다. 성 시인이 제일 관심을 갖고 보는 것은 우리 주변의 '흔한 것' 혹은 '대수롭지 않은 것'들이다. 감나무만큼은 아니지만 매실나무도 시골에 가면 흔히 마주칠 수 있는 수종이다.

바람과 마주하며 스텝을 익혔으리
꽃잎의 피날레에 쏟아지던 박수갈채
그 끝에 초록 춤사위, 덤으로 펼쳐졌다

풋풋한 미소의 그가 내게 손을 내민다
어설픈 몸짓으로 스텝을 맞춰 가면
햇살도 리듬에 빠져 뜨겁게 와 감긴다
—「매실나무와 한바탕 춤을」 앞 2수

매실나무의 열매가 익어가는 과정에 대한 묘사다. 성 시인은 매실나무의 열매인 매실이 익어가는 과정을 자연 속에서의 춤으로 인식했다. 바람과 마주하며 스텝을 익히고, 꽃잎의 피날레에 쏟아지는 바람의 박수갈채를 받는다. 한여름 햇살을 받고 매실의 초록색은 더욱 더 파래진다. 그런데 모든 생명체의 성장 과정이 이렇게 즐겁기만 할까?

> 삶이란 헛발질에 아픔 먼저 배우는 일
> 긁힌 상처 하나 없이 그 무엇을 가지리
> 비워 둔 마음 깊숙이 너를 가득 담는다
> —「매실나무와 한바탕 춤을」 제3수

제3수에 접어들어 분위기를 일신한다. "삶이란 헛발질에 아픔 먼저 배우는 일"이 이번 시조집 전체를 아우를 수 있는 주제어가 아닐까. 세상의 온갖 일, 뜻한 대로 이루어지는 게 거의 없다. 인간은 살아가면서 헛발질을 하는 경우가 태반이고 상처를 받기도 한다. 매실나무도 겨울에는 북풍한설에 시달리면서 봄을 기다렸을 테고, 여름에는 장마와 태풍을 견디며 열매를 키웠을 것이다. 그래서 시인은 매실나무를 보면서 "긁힌 상처 하나 없이 그 무엇을 가지리"라는 깨달음에 이르고, 결국 "비워 둔 마음 깊숙이 너를 가득 담는다"는 매실 수확에 도달하는 것이다. 인고의 시간 없이 이루어지는 것을 우리는 흔히 기적이라고 한다. 작은 곤충이라 할지라도 그것들의 생명현상을 보면 예사롭지 않다.

짓밟히던 풀밭머리 봉기는 시작됐다
가진 건 맨몸 하나, 허나 그건 비장의 무기
별들도 횃불이 되어 어둠을 뚫고 있다

울어 울어 천길만길 바닥을 일으키면
귀 밝은 시인들이 받아 적는 핏빛 맹서
간절한 함성만 우뚝, 천지간에 놓인다
—「풀벌레의 난」 전문

밥에도 앉아보고 똥에도 앉아보고
여기 말은 저기 놓고 저기 말은 여기 놓고
손바닥 살살 비비며 속내 깊이 감추었다

그 앉은 자리마다 똥냄새가 놓인 것을
바라보는 이는 알고 저만 알지 못하는데
날갯짓 가볍게 놀리다 채 맞을 날 있겠지
—「똥파리」 전문

자지러지게 울어대는 풀벌레와 어디든 가서 먹잇감을 구하는 더러운 똥파리도 생명력이 대단하다. 풀벌레의 울음소리를 "핏빛 맹서"로 인식한 시인은 똥파리의 천방지축을 "날갯짓 가볍게 놀리다 채 맞을 날 있겠지" 하면서 타산지석으로 삼기도 한다. 「늙은 거미의 집」에서는 가족의 의미를 되새겨보고, 「도시 다람쥐」에서는 샐러리맨의 일상을 안타까운 마음으로 반추한다.

한편 「휘슬 주전자 진화설」이나 「호리병」 같은 작품은 의인화 기법을 구사한 일종의 사물시조다. 「단팥빵에게」와 「부추전 타령」「썩은 사과를 위한 시」 등에서는 사물에 대한 재해석, 재창조를 시도하고 있다.

> 반죽도 덜 된 내가 당신에게 녹습니다
> 채로 받쳐 걸러내도 걸릴 마음 하나 없는
> 폭 삭힌 그런 하루를 언제쯤 빚을까요
>
> 당신의 가슴에도 앙금이 놓였네요
> 달달하고 보드랍고 촉촉한 그런 앙금,
> 얼마나 잘 뭉개져야 당신 속을 닮을까요

명치끝에 맺혀 있는 이 삶의 응어리들
달빛과 어눌한 시詩, 고루 섞어 구워내면
허기진 장발장 앞에 위로인 듯 놓일까요
—「단팥빵에게」 전문

언뜻 보면 단팥빵을 만드는 과정 같지만 "명치끝에 맺혀 있는 이 삶의 응어리들"을 "어눌한 시"로 구워내고 싶다는 소망을 피력한 시다. '앙금'은 중의법으로 쓰인 시어인데 단팥빵 만들기에 필요한 가루이기도 하고 안 좋은 일을 겪었을 때의 감정이기도 하다. 내면의 앙금이 있어야 앙금을 만들 수 있다는 것이다. 한편 "허기진 장발장 앞에 위로인 듯 놓일" 시를 쓰고 싶어하는 시인의 마음도 유추할 수 있다. 이 시조도 꽤 유머러스하지만 「부추전 타령」은 시인의 장기가 심각하거나 엄숙한 이야기를 하는 게 아니라, 삶에서 유머를 찾아내는 데 있다고 간주하게 한다. 아쉬운 것은, 이런 작품이 이번 시조집에 많지 않다는 것이다. 도시적 상상력에 입각해서 쓴 「도시 다람쥐」 유의 시조와 해학성이 두드러진 이런 시조가 성국희 시인이 앞으로 개척해야 될 부분이 아닌가 여겨진다.

참다못한 먹구름이 제 속 울컥 쏟는 날
그 맘 내 맘 반죽해서 노릇노릇 뒤집는 거야
땡초란 삶의 매운 맛, 술 술 술 섞어가며

천둥번개 건배하듯 부딪히며 사는 거야
하늘이 차려놓은 술상 위에 바쳐져서
두두둥 장단 맞추며 어깨춤도 추는 거야
—「부추전 타령」 전문

파전, 해물파전, 부추전 등 전 종류는 술안주로 최고다. 특히나 우리나라 사람들은 비가 오면 공연히 심사가 감상적이 되면서 술과 전을 찾는 경향이 있다. 부추, 양파, 땡초(청양고추), 계란, 밀가루(밀가루와 튀김가루를 7 : 3 정도로 하면 좋다)를 버무려 바싹 구워 먹으면 맛이 최고다. 땡초는 삶의 매운맛을 제대로 내는데, "술 술 술 섞어가며" 먹으면 둘이 먹다 한 사람이 죽어도 모를 맛이렷다. 부추전을 안주로 한 술자리의 흥을 이렇게 잘 살리고 있는데 시인은 술을 좀 할 줄 아는가? "천둥번개 건배하듯 부딪히며 사는 거"라거나 "두두둥 장단 맞추며 어깨춤도 추는 거"라는 표현도 술을

조금은 즐길 줄 알아야 쓸 수 있는데……. 술 실력이 궁금하다.

제2부는 일종의 기행시조다. 소쇄원 제월당에 가보고서 쓴 「서신」, 제주도 정방폭포를 보고 와서 쓴 「비몽」, 선운사에 가 봄에 피는 동백을 보고 와서 쓴 「꽃거울」, 안동 병산서원에 있는 누각 만대루를 보고 와서 쓴 「거북」, 노계 박인로의 시비를 보고 와서 쓴 「반성」 등이다. 이상화의 시비나 권정생의 생가, 물방울 그림으로 유명한 김창열 미술관에도 가보고 그 느낌을 시조로 탄생시켰다. 강태성의 조각을 보고 와서 쓴 「토르소」에서는 다른 시조에서는 느끼지 못한 시인의 연정을 느끼게 된다. 뜨거운 심장으로 부른 연가여서 이색적이다.

그대 위한 가슴 한쪽 늘 비워 두었습니다
햇살 아래 설레다가 칼바람에 깎인대도
오늘도 뜨거운 심장, 그대를 품습니다

그리움의 몸집은 자꾸만 더 커져가서
기울어진 어깻죽지 이끼마저 무겁지만
이 삶은 그대를 향해 중심 잡고 섰습니다

마음은 발도 없이 당신께 달려갑니다
그 누구도 막지 못할 지도 밖의 길을 달려
그대 뜰 매화 빈 가지, 시詩꽃으로 핍니다
—「토르소」 전문

이 작품의 대상인 '그대'가 조각가는 아닐 것이다. 토르소를 보고 상상했다면 상상의 대상은 누구일까? 비워 두고, 품고, 서 있다가, 결국은 당신에게로 달려간다. 그리하여 "그대 뜰 매화 빈 가지"에 '시詩꽃'으로 피겠다는 것은 시를 바치겠다는 것인데 대상은 가공의 인물일까? 아무튼 알고 보니 시인의 가슴은 지금도 심장이 뜨거운 청춘이다. 안동시 안동호에 놓여 있는 목책교인 월영교에서 시상을 떠올려 쓴 시조 또한 이 시집을 빛내고 있는 아름다운 연가다.

가닥가닥 시詩를 뽑아 그대에게 바칩니다
얼기설기 엮어내어 지어 올린 신발 한 켤레
당신께 띄워 보내면 강물 건너 오실까요

서천西天으로 가는 열차, 기적소리 멀어지고

달빛 속에 물빛 속에 그대가 남았습니다
남아서 그리운 이름, 그리워 남은 이름

물결 한 올 일지 않고 가슴 깊이 파고드는
가늘어진 그대 음성, 얼어붙은 그대 눈빛
뜨거운 안부를 엮어 맨발 아래 놓습니다
—「미투리」 전문

각주에 나와 있듯이, 먼저 저세상으로 가버린 남편을 위해 머리카락을 뽑아 한 켤레 미투리를 지은 지어미의 애절하고 숭고한 사랑을 소재로 한 시조다. 원이 엄마의 편지가 무덤 속에 있다가 420년 만에 발견되었는데 구구절절이 너무나 감동적이라 안동시에서는 2003년에 월영교를 놓았고, 편지는 안동대학교 박물관에 보관되어 있다. 원이 엄마의 나이는 모르겠는데 남편의 사망 당시의 나이가 서른한 살, 슬하에 아들이 하나 있었다고 한다. 이 시조는 짜임새나 감동의 깊이에 있어서나 서정주의 「귀촉도」를 방불케 한다.

제3부에는 역사의식에 입각하여 쓴 시조가 여러 편 나온다. 서대문형무소에서 독립운동가들이 벽을 두드

려 통방을 하던 일을 다룬「타벽통보」, 유관순 열사를 다룬 영화 〈항거〉를 보고 쓴「그럼, 누가 합니까」, 이육사 시비를 보고 쓴「칼춤」 등이 그렇다. 그다지 어렵지 않은 시조이므로 해설은 생략한다. 아버지의 초상을 그린「각질」「헌시」「위대한 재산」도 잔잔한 감동을 준다.

> 내년에 꼭, 가겠다는
> 할머니와 짧은 통화
>
> 예약된 생일상 대신
> 때 이른 제사상 앞에
>
> 변명은
> 큰 죄였을까
> 그리움에 갇힌 나
> —「유죄」 전문

이 작품은 할머니의 임종을 못 지킨 자신의 죄를 뉘우치는 내용이다. 단형시조인데 사실상 할 말은 다 하고 있다. 시조의 매력은 이런 데 있을 것이다. 오늘날

자유시가 독자를 잃어버린 이유는 길고 난해하고 산문과 분간이 안 가는 시임에도 문학평론가들이 찬사를 퍼부었기 때문인데 이런 시조가 시사해 주는 바가 분명히 있다고 본다.

제4부에는 시조, 시조시인, 시조 쓰기에 대한 시조가 모여 있다. 즉 성국희 시인의 시론이 집결되어 있는 것이 제4부다. 각각을 대표하는 작품을 한 편씩만 예로 들어 논해볼까 한다. 하나의 장르로서의 시조에 대한 생각은 이렇다.

> 강진 앞에 꿈쩍 않는 한 그루가 있습니다
> 밑동 굵은 사유 위로 삶의 무게 받쳐 든 채
> 꿋꿋이 제자리 지키는 내 안의 하얀 성전
> —「시조에 관한 단상」 전문

시조는 3장 6구체로서 단단한 짜임새를 갖고 있다. 제시–전환–결론. 특히 종장은 약간의 반전을 꾀하면서, 일본의 하이쿠와는 완전히 다른 모습을 갖는다. 시조가 "밑동 굵은 사유 위로 삶의 무게 받쳐" 들고 "꿋꿋이 제자리 지키는 내 안의 하얀 성전"이기에 시조에 매력을 느끼게 되었다고 한다. 시조는 단단함 혹은 견고함이 생명이기에 자유시와는 다른 것이다. 물론 한두 행짜리 짧은 자유시도 있기는 하지만. 그럼 시조시인은 어떤 사람이어야 하는가.

4
시詩 한 편 빚고 나면 공복에도 배가 부른,
그 시詩를 남에게 줘 저는 다시 가난해진
시인이 그런 거지요, 그러니 또 쓰지요

5
뱉은 말이 시詩가 되는, 몸짓이 철학이 되는
꽃잎처럼 달빛처럼 서녘하늘 노을처럼
물들어 가는 겁니다, 나 아닌 그대 위해

6
무서운 일 맞지요, 시인으로 산다는 건
글과 같은 모습으로 하나의 몸짓으로
거듭된 삶의 퇴고가 완성된 시편이죠
—「시인론」 후반부

뒤의 세 수를 제시한다. 시를 쓰고 나면 공복에도 배가 부르다고 한다. 그런데 시를 완성하고 나면 이제 자기 몫이 아니고 독자의 몫이 된다. 그러고 나면 시인의 마음은 다시 가난해지고, 마음의 허기를 채우려면 아파야 하고, 다시 또 써야 한다. 5번 시조는 언행일치와 지행합일을 말해준다. 시인은 언어를 남발하는 이가 아니다. 그리고 화려한 수식을 남발하는 이도, 허언을 일삼는 이도 아니다. 시인으로 산다는 건 "무서운 일"임을 누구보다 자신이 잘 알고 있으리라, 성국희 시인은. 그래서 "글과 같은 모습으로 하나의 몸짓으로/ 거듭된 삶의 퇴고가 완성된 시편"을 쓰고자 하는 것이다. 그렇다면 이 시대에 시조를 쓴다는 것은 무슨 의미인가.

머리부터 발끝까지 쉽게 쓰는 법이 없다
또 한 겹의 나이테가 밀어올린 문장들
잔별들 총총 내려와 숨을 불어 넣는다

그마저 사치였나 붉게 긋는 퇴고의 시간
바스락 부스러질 몇 부린 수사들이
껴입은 옷을 벗는다, 느낌표만 남겨둔 채

삶의 무게 내린 자리 하늘 다시 열어두면
보탤 것 하나 없이 우뚝 선 촌철살인,
볼 야윈 철새가 기댈 간이역이 들어선다
—「가을나무 작법」 전문

스스로 천명한다, 내 시조는 "머리부터 발끝까지 쉽게 쓰는 법이 없다"고. "또 한 겹의 나이테가 밀어올린 문장"이라는 것은 시조의 문장이 오랜 시간 숙성시켜 나오는 문장이어야 한다고, 스스로 다짐하는 내용이다. 퇴고를 할 때는 멋 부린 수사를 빼게 되는데 어떤 때는 느낌표만 남기고 다 빼기도 한단다. 성 시인이 생각하는 최고의 경지는 "보탤 것 하나 없이 우뚝 선 촌철살인"이다. 가을나무는 잎을 다 떨어뜨린 뒤 겨울나기를 준비한다. 시조의 세계는 복작복작해서는 안 된다. "볼 야윈 철새가 기댈 간이역" 같아야 한다. 그런 시조를 쓰고 싶다고, 가을나무의 작법을 배우고 있다. 놀랍게도 이번에 내는 두 번째 시조집에서 가장 많이 동원된 시어가 바로 '시詩'다. 20개가 넘는다. 그만큼 시작품에 대한 열정과 열망이 큰 것이다.

제5부는 성국희 시인이 다년간 공력을 기울여 쓴 연

작시 20편과 「미인도」로 이루어져 있다. 20편이 모두 천경자 화가의 그림을 갖고서 쓴 시로서 부제 '천경자 1'은 「사군도」이고 '천경자 20'은 「황혼의 통곡」이다. 21번째 시만이 연작시 형태가 아니고 「미인도」이다. 이 그림은 화가 자신이 자기 그림이 아니라고 했다.

시인은 천경자의 그림에 매료되었던 것임에 틀림없다. 화가의 대표작 20편 그림에서 영감을 얻어 시조를 썼다고 볼 수 있는데, 왜 이런 작업을 했는지 몹시 궁금하다. 일단 제일 앞의 작품을 보자.

> 도시는 유리 상자, 모서리 진 유리 감옥
> 긴 꼬리 뒤엉킨 채 사람들이 갇혀 있다
> 세상 밖 코앞인데도 닿지 못한 저 몸서리
>
> 저마다 쳇바퀴에 멀미 앓던 삶이다가
> 붉은 혀 길게 빼고 꿈을 찾아 나서는 길
> 주르륵 미끄러져도 유리벽, 또 오른다
>
> 껍데기만 쌓여가는 축축한 생의 뒤란
> 위로 깊은 찔레향이 살갗에 와 닿으면

화려한 꽃 가시덤불, 가시마저 껴안는다

—「사군도」 전문

1969년도 작품인 그림 「사군도」는 천경자의 화풍이 거의 확립된 시기의 작품이다. 까만 뱀과 꽃뱀이 뒤엉켜 있다. '사군도'는 한자로 쓰면 '蛇群圖'일 것이다. 그런데 성국희 시인은 이 그림에서 뱀만 본 것이 아니라 모서리 진 유리 감옥 안에 뒤엉켜 사는 사람들을 보았다. "저마다 쳇바퀴에 멀미 앓는 삶"이고 "붉은 혀 길게 빼고 꿈을 찾아 나서는 길"이니 도무지 순탄치 않다. 세 번째 수의 초·중·종장도 뱀이나 사람이나 생을 영위한다는 것 자체가 쉽지 않다는 것을 말해준다.

두 번째 살펴볼 시는 두 번째 연작시로 1974년도에 그린 「고孤」다. 외롭다는 뜻의 한자어가 '孤'인데 머리에 꽃을 꽂고 있는 여인이 외로워 보이지는 않는다.

이 그림의 제목을 제목으로 삼은 시는 처절하다.

미쳐야 꽃이 핀다
더 미쳐야 꽃이 진다

미치지 않고서야
나 어찌 꽃이 되리

삶이란
피고 또 지는 일
지고 다시 피는 일
—「고孤」 전문

아마도 이 시조집의 모든 작품 가운데 최고 절창은 이것이리라. 이 세상에 아픔 없이 피어나는 꽃은 없다고 알고 있었는데 미쳐야지만 피어난다니, 가슴이 서늘해진다. 더 미쳐야 꽃이 진다고 한다. "미치지 않고서야/ 나 어찌 꽃이 되리"는 시인이 자신에게 하는 말이다. 결심이고 각오다. 시에 미치지 않고서 어찌 시인이 되리. "삶이란/ 피고 또 지는 일"이고 "지고 다시 피는 일"이라는 종장은 앞에 비해서는 맥이 좀 빠지지만 전화위복, 새옹지마, 칠전팔기 같은 사자성어를 떠올리게 한다. 내일은 내일의 태양이 떠오른다고 말한 이가 스칼렛 오하라였던가. 내 비록 지금 많이 외롭지만 주먹을 불끈 쥐고 다시 해보자고 천경자는 「고」를 그리며 다

짐했을 것이고, 이 그림을 보며 시인 또한 비슷한 결심을 했을 것이다. 지면 다시 꽃피우면 된다. 겨울이 오면 봄 또한 멀지 않았다고 영국의 낭만파 시인 P. B. 셸리가 말했듯이.

35마리의 뱀이 뒤엉켜 있는, 유명한 그림 「생태」에서 영감을 얻어서 쓴 시조를 보자. 단형시조인데, 그림만큼이나 이미지가 강렬하다.

> 허물 거듭 벗어가며 움츠린 삶 풀어가며
> 못다 뱉은 신음들이 맹독으로 고인 신전
> 꺾어진 제 뒷목을 물어 찬 새벽을 얻는다
> —「생태」 전문

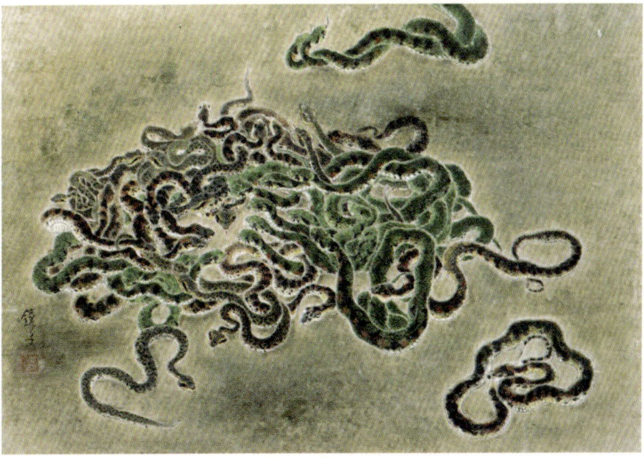

「생태」는 한국전쟁이 한창일 때 피난지 부산에서 그린 것이다. 전황을 들으면서 불안한 마음으로 하루하루를 살아갔을 텐데 그 무렵 화가는 왜 35마리의 뱀을 그렸던 것일까. 사람의 눈에는 징그럽게 보일지 모르지만 어쨌거나 뱀이 모여 있다. 게다가 뒤엉켜 있다. 그런데 우리나라 사람들은 지금 전쟁을 하고 있다. 저 뱀들처럼 "꺾어진 제 뒷목을 물어 찬 새벽을 얻"으면 좋겠지만 우리는 그렇게 하지 못하고 있다는 것을 암시하는 시구를 이 그림을 보고 얻은 것이다.

이 그림에도 뱀이 나온다. 머리에는 네 마리의 뱀이 혀를 날름대고 있고 가슴 위에는 꽃이 한 송이 그려져 있다. 이 그림의 제목이 시조의 제목이 되었다.

차라리 돌아서서 끌어안은 벼랑이여
독을 품고 똬리 튼 삶, 화관으로 모셔두면
저주도 진정 꽃이었네 아름다운 독이었네
—「내 슬픈 전설의 22페이지」 전문

1977년도 작품인 이 그림의 제목에 나오는 숫자 22는 천경자 자신의 스물두 살 때를 가리킨다. 그 나이에 그녀는 남편과 사별했다. 짧은 결혼생활이었다. 장결핵증으로 남편이 갑자기 죽었지만 두 아이가 태어나 있었다. 졸지에 가장이 되어 두 살배기 딸과 아직 첫돌도 안 된 아들을 데리고 세파를 헤쳐나가야 했으니 그 고생이 어느 정도였을지 짐작이 간다. 머리에는 뱀이, 가슴에는 꽃이 있는 이 그림을 보고 시인은 초장, 중장, 종장에서 다 역설적인 표현을 한다. 삶 자체가 패러독스가 아니겠냐고 이 그림을 보면서 생각했을 것이다. 꽃이 저절로 피어난다고 생각하면 안 된다. 저주咀呪도 진정 꽃이라고 했다. 이 세상에 대한 원망과 원한이 그림에 신기神氣를 불어넣는다. 저주가 아름다운 독이 되려면 저주해야 한다. 독을 품어야 한다. 독사처럼. 일제강점기 말기, 전시와 전후 그 어려운 시기를 붓 하나를 들고 헤쳐 온 천경자 화가를 생각하면서 시인도 이를 뽀득뽀득 갈지 않았을까? 나도 그 그림 같은 시를 써야지. 원한 어린, 역설의 시를, 하면서.

그림과 시를 비교하다 보면 해설이 하염없이 길어질 것 같다. 연작시의 마지막 작품으로 바로 가보자. 마지막 작품은 세 명의 나체 여인이 각각 다른 자세를 취하고 있는 1995년 작 「황혼의 통곡」을 보고 쓴 것이다. 일단 그림을 먼저 보자.

우는 여인은 없는데 제목은 '황혼의 통곡'이다. 화가 자신의 지나온 생이 '통곡'이었다는 생각에서 이런 제목을 붙이게 된 것인지도 모르겠다. 사막을 횡단하는 것이 삶인 낙타도 있고 팔자 좋은 개도 있다. 포커는 돈을, 꽃다발은 영광을, 장갑은 소망(혹은 이상)을 상징하는 것일까. 훗날 낙타를 지우는 등 그림을 수정하며 최종본은 사인이 되지 않은 채 미완성으로 남았다.

빼곡한 가시 틈에
옥죄이던 삶이여

내리고 또 내리고
내리고 다 내려놓고

미완성
그 찬란한 절망,
화폭 안에 묻는다
—「황혼의 통곡」 전문

그림의 제목과 같은 제목의 시조작품인데 그림에 대

한 설명이나 감상평이라고 보기는 어렵다. 이 그림을 보고 시인 자신이 하고 싶은 이야기를 하고 있다고 봐야 할 것이다. 천경자의 그림과 성국희의 시조 사이의 관계에 대해서는 좀 더 치밀한 정신분석학적 고찰이 필요하다고 본다. 성국희 시인의 지난날의 삶에 대해 아는 것이 없는 해설자로서는 명쾌하게 해석을 할 수 없는데, 이 점 대단히 안타깝게 생각한다.

이 시집의 제일 끝에 자리를 잡은 시조는 「미인도」로, 위작 논란에 휩싸여 한동안 세인들의 입에 오르내린 그 그림을 보고 쓴 작품이다. 「미인도」 위작 논란은 하도 오래 진행되어 그 설명만으로도 책을 한 권 쓸 수 있을 것이다. 화가 자신이 국립현대미술관이 소장한 「미인도」가 위작이라고 1991년부터 주장했으나 국립현대미술관과 한국화랑협회는 진품이라는 감정을 내렸다. 당시 68세였던 천 화백은 "자기 그림도 몰라보는 화가"라는 비난 속에 절필을 선언하고 미국으로 떠났다가 얼마 후부터는 세계를 돌며 그림을 그렸다. 프랑스에서 온 감정단은 위작이라고 결론을 내렸다. 이 그림을 자신이 그렸다고 미술품 전문 위조범 권춘식 씨가 1999년에 자백을 했는데 2016년에 자신이 그리지 않았다고 재차 자백해 위작 논란 자체가 미궁에 빠졌다.

피 묻은 맨발들아 들꽃 피워 화관을 엮자
꽃샘바람 들썩이며 꽁무니를 파헤쳐도
흙물 벤 두 손과 발이 당당할 수 있도록

누군가가 얹어주는 왕관을 꾹 눌러 쓴
벙어리 인형 앞에 펼쳐드는 땀의 이력,
마른 땅 뚫고 피워낸 어여쁜 화관을 쓰자

머리맡을 지나쳐간 간밤의 헛된 꿈도
어쩌면 그것마저 욕심이라 불러보자
차라리 화관을 벗어 빈들에나 돌려주자
—「미인도」 전문

이 그림을 제목으로 제시하고는 이런 작품을 쓴다. 시인에게는 이 그림에 얽힌 구설수가 중요한 것이 아니다. 그림 자체에서 얻은 영감으로 썼기 때문이다. 이 작품에서 주목을 요하는 구절은 "흙물 벤 두 손과 발이 당당할 수 있도록"이다. 천경자 화가처럼 당당하게 살고 싶다고 시인은 말한다. 어떤 때는 마른 땅을 뚫고 피워낸 어여쁜 화관을 쓰자고 다짐하고, 어떤 때는 들꽃으로 만든 화관일랑 벗어 빈들에게 돌려주자고 다짐한다. 아마도 시인이 천경자라는 화가한테서 배운 것은 '당당함'이 아닐까. 그리고 그녀의 그림을 보며 느낀 것은 '솔직함'일 것이다. 당당하게, 솔직하게 시를 쓰자고 결심했다면 이제 해설자가 해야 할 일은 하나다. 성국희 시인이 제3시집에서 어떤 작품을 보여줄지 기대하며 기다리는 것. 내 고향 김천을 빛낼 시조시인으로 거듭나기를 기대하면서 앞으로의 작품 활동을 긴장된 마음으로 지켜볼 것이다.